Peldaños

El explorador Tim Samaras:
TORNADOS

TORBELLINO

por Christopher Siegel

> **"¿TE DIRIGES A LA VENTANA CUANDO OYES EL GOLPE DE UN TRUENO, O LA LLUVIA QUE AZOTA O VES EL HAZ DE UN RELÁMPAGO EN EL CIELO? YO TAMBIÉN. EXCEPTO QUE LLEVO MI CURIOSIDAD UN POCO MÁS LEJOS. SALGO Y PERSIGO LAS TORMENTAS MÁS GRANDES QUE PUEDO ENCONTRAR".**

La cita anterior era de Tim Samaras. La curiosidad de Tim lo llevó a seguir algunas de las peores tormentas y tornados de la historia reciente. Pasó más de la mitad de su vida metiéndose en el camino de los tornados. Colocó instrumentos de medición en los lugares adecuados para reunir información. Peleó contra vientos y lluvias poderosas, piedras de granizo y el ruido aterrador de un tornado a toda velocidad. Incluso vio cómo se destruía una comunidad. Tim era un investigador de tormentas severas y un explorador de National Geographic.

Tim arriesgó su vida por la ciencia. Su objetivo era responder preguntas que ayudaran mejor a las personas a prepararse para los tornados.

TIM SAMARAS era el principal investigador de tormentas del Experimento de Muestreo Táctico Instrumentado del Estado del Tiempo en o cerca de Tornados, TWISTEX (por sus siglas en inglés). Usaba destrezas en ciencias, tecnología, ingeniería y matemáticas para investigar tornados. Tim esperaba que si comprendía mejor los tornados podría hacer predicciones más precisas y ayudar a las personas a prepararse para cuando llegara uno.

Los tornados son una de las tormentas más violentas. Suelen formarse a partir de tormentas eléctricas poderosas. Pueden producir enormes daños.

CÓMO SE FORMA UN TORNADO

Los tornados son nubes de aire con forma de embudo que giran y se elevan. Se forman cuando el aire cálido y húmedo se eleva rápidamente desde el suelo. Esto se llama **corriente ascendente.** Al mismo tiempo, una poderosa **corriente descendente** de aire más frío empuja la lluvia y el granizo hacia el suelo. El aire cálido y el aire frío se envuelven entre sí. Esto genera un embudo de aire que gira. El tornado se forma cuando el embudo de aire que gira toca el suelo.

1.

El aire cálido y el frío generalmente se mueven en diferentes direcciones y a diferentes velocidades. Cuando se encuentran, se forma un tubo horizontal de aire que gira.

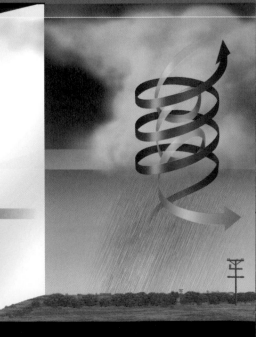

2.

El tubo de aire que gira comienza a inclinarse hacia arriba. El aire cálido comienza a moverse hacia arriba en una corriente ascendente. Generalmente trae lluvia y granizo.

3.

Las corrientes de aire cálido y frío continúan girando en espiral. Los vientos que rotan producen una forma de embudo. El embudo que gira en espiral se convierte en un tornado cuando toca el suelo. La forma de embudo puede verse cuando el tornado recoge escombros del suelo.

TIPOS DE TORNADOS

Todos los tornados tienen una característica en común. Lucen como embudos que llevan escombros, agua u otros materiales que recogen de donde tocan tierra. El tipo de escombros y materiales que levantan los tornados les dan a las nubes diferentes colores y formas. Estos son algunos tipos de tornados.

SUPERCELDA: Este poderoso tornado proviene de una tormenta eléctrica **supercelda.** El embudo que toca la tierra suele tener forma de cuña. Las superceldas pueden permanecer en la tierra un largo tiempo y suelen causar mucho daño.

TROMBA DE AGUA: Una tromba de agua se forma sobre la superficie de un cuerpo de agua. Las trombas de agua generalmente son menos poderosas y causan menos daño que otros tornados, pues se producen sobre el agua. Las trombas de agua generalmente se deshacen una vez que llegan a la tierra. Sin embargo, si se desplazan tierra dentro, pueden causar mucho daño y pérdidas.

REMOLINO DE FUEGO: Los remolinos de fuego, o tornados de fuego, se pueden formar sobre un incendio forestal o una erupción volcánica. Los remolinos de fuego son columnas rotativas de humo y fuego.

CALLEJÓN DE LOS TORNADOS

Más tornados tocan tierra en los Estados Unidos que en ningún otro lugar del mundo. Los tornados se pueden producir en cualquier parte de los EE. UU., pero es más probable que ocurran en un área del centro de los EE. UU. conocida como el Callejón de los tornados. La geografía física y el medio ambiente del Callejón de los tornados brindan las condiciones perfectas para que se formen.

Los tornados se producen cuando el aire cálido del golfo de México se desplaza hacia el norte sobre el Callejón de los tornados. Al mismo tiempo, el aire frío de las montañas Rocosas sopla hacia el sur en la zona. Cuando el aire cálido y el frío se encuentran, la **atmósfera** se vuelve inestable. La atmósfera es la capa de aire y otros gases sobre la Tierra. Se forman nubes de tormenta y el cielo se oscurece. El viento sopla más fuerte. Luego caen granizo y lluvia. La tormenta creciente se puede convertir fácilmente en un tornado.

UN TORNADO EN OKLAHOMA UNA VEZ DESTRUYÓ UN MOTEL. EL CARTEL DEL MOTEL SE ENCONTRÓ EN ARKANSAS.

EN 1928, UN TORNADO EN KANSAS DESPLUMÓ ALGUNOS POLLOS.

EN 1931, UN TORNADO LEVANTÓ UN TREN Y LO LANZÓ A 24 METROS (80 PIES) DE LAS VÍAS.

LOS TORNADOS HAN LEVANTADO TENEDORES Y LOS HAN INCRUSTADO EN TRONCOS DE ÁRBOLES.

MONTAÑAS ROCOSAS

MINNESOTA

DAKOTA DEL SUR

NEBRASKA

IOWA

COLORADO

KANSAS

MISSOURI

OKLAHOMA

ARKANSAS

TEXAS

Callejón de los tornados

N O E S

GOLFO DE MÉXICO

TEXAS Y OKLAHOMA TIENEN MÁS TORNADOS QUE NINGÚN OTRO ESTADO.

ESCALA DE TORNADOS

Los tornados más violentos tienen vientos con velocidades de más de 322 kilómetros por hora (200 millas por hora). Pueden destruir edificios grandes, sacar árboles de raíz y lanzar vehículos a cientos de metros.

Los científicos y los ingenieros clasifican los tornados usando la escala Fujita de intensidad de tornados mejorada (EF, por sus siglas en inglés). La escala va de EF0 a EF5. La escala se basa en la **velocidad,** o rapidez y dirección del viento, y el tipo de daño que produce.

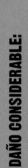

EF 0

VELOCIDAD DEL VIENTO:
137 km/h (85 mph) o menos

DAÑO LEVE:
ramas pequeñas de árboles rotas, daños menores en los techos de las casas

EF 1

VELOCIDAD DEL VIENTO:
de 138 a 178 km/h (de 86 a 110 mph)

DAÑO MODERADO:
ventanas rotas, casas rodantes sacadas de su base o volteadas, árboles arrancados de raíz

EF 2

VELOCIDAD DEL VIENTO:
de 179 a 218 km/h (de 111 a 135 mph)

DAÑO CONSIDERABLE:
partes de techos arrancados de casas y otros edificios, casas rodantes destruidas, postes eléctricos de madera quebrados

EF 3

VELOCIDAD DEL VIENTO:
de 219 a 266 km/h
(de 136 a 165 mph)

DAÑO SEVERO:
paredes de casas, escuelas y centros comerciales tumbadas; postes eléctricos de acero doblados o quebrados

EF 4

VELOCIDAD DEL VIENTO:
de 267 a 322 km/h
(de 166 a 200 mph)

DAÑO DEVASTADOR:
casas destruidas; grandes secciones de escuelas, centros comerciales y otros grandes edificios dañados

EF 5

VELOCIDAD DEL VIENTO:
más de 322 km/h
(más de 200 mph)

DAÑO INCREÍBLE:
escuelas, centros comerciales, edificios altos y otros edificios destruidos

FUJITA MEJORADA (EF)

Tetsuya Theodore Fujita nació en Japón, donde no es común que se formen tornados. Se considera a Fujita, o el "Sr. Tornado", uno de los más famosos expertos en tornados del mundo. Fujita originalmente desarrolló un sistema en el que las categorizaciones de los tornados solo se basaban en el daño que causaban. Más tarde, los investigadores de tornados agregaron a la escala la velocidad de los vientos. El nombre de Fujita se usa para calificar un tornado. "EF" (por sus siglas en inglés) quiere decir "Fujita mejorada."

GÉNERO Artículo de noticias

Lee para saber sobre uno de los peores tornados de la historia reciente.

TESTIGO DE UN Tornado

compilado por Lara Winegar

El domingo 22 de mayo de 2011, el equipo del Experimento de Muestreo Táctico Instrumentado del Estado del Tiempo en o cerca de Tornados (TWISTEX, por sus siglas en inglés) perseguía una tormenta eléctrica severa al sur de Joplin, Missouri. Pronto descendió un tornado de la **supercelda** y comenzó a surcar Joplin. Era uno de los tornados más letales que azotara los Estados Unidos en décadas.

"La supercelda que vi moviéndose en el cielo era enorme, y sabía que era una tormenta peligrosa. Cuando el equipo y yo nos pusimos en acción para poner nuestros instrumentos en funcionamiento, esperaba que los habitantes del área se estuvieran refugiando. Nosotros lo hicimos, tan pronto como pudimos. Lo que sigue son testimonios de personas que vivieron esta tormenta".

TIM SAMARAS

Tim Samaras prepara su equipo de investigación antes de salir a perseguir una tormenta.

"Eran las nubes más oscuras que jamás había visto. Lo único que queríamos era llegar a casa". EMMA COX

Emma Cox

Emma Cox, de 17 años, y su hermano mayor volvían a casa en carro de su graduación de la escuela. Ella miró por el parabrisas y vio nubes bajas. Oyó que sonaban las sirenas de alerta de tornado. La lluvia golpeaba las ventanillas y el viento mecía el carro. Emma y su hermano no podían ver nada, ni siquiera las luces de freno de los carros que tenían adelante. Abrió su ventanilla. Oyeron un silbido espeluznante.

"No nos dimos cuenta en ese momento", dice, **"PERO ERA EL SONIDO DEL SILBATO DE UN TREN QUE TODOS DICEN QUE SE OYE EN UN TORNADO".**

Un cazador de tormentas tomó esta foto del tornado justo antes de que pasara por Joplin, Missouri.

"Comencé a oír ese sonido (como un tren) y a sentir el cambio de presión". KURTIS COX

Kurtis Cox

Kurtis Cox y su familia celebraban la graduación de su hijo cuando vieron nubes amenazadoras. La familia llegó a su sótano justo cuando impactó el tornado.

"SOLO ECHÉ UN VISTAZO Y ALGO NO PARECÍA ESTAR BIEN," dijo Cox sobre el cielo. "Sabía que algo sucedía. Comencé a oír ese sonido (como un tren) y a sentir el cambio de presión."

"Pareció que transcurría una eternidad hasta que pasó, y pudimos oír vidrios que se rompían y cosas que golpeaban la casa", dijo. "Cuando terminó, nuestro sótano estaba prácticamente intacto. Obviamente, cuando subimos las escaleras, nos quedamos atónitos."

Un tornado EF5 pasa por Joplin el 22 de mayo de 2011.

Terrla Cruse

Terrla Cruse estaba en casa cuando las sirenas de **alerta de tornado** sonaron. La mayor parte de la familia bajó al sótano antes de que el tornado impactara. Escucharon el rugido y sintieron que su casa se sacudía ante la furia del tornado. La casa de la familia Cruse quedó destruida. "No quedó nada", dijo Cruse, "nuestra casa, todo el vecindario, todo desaparecido". Su gata de 13 años, Lavern, también había desaparecido.

Durante muchos días buscaron a través de los escombros de su casa. Esperaban recuperar algunas de sus pertenencias y quizá encontrar a Lavern. "Decidimos volver a ver una vez más", dijo Cruse. De repente, oyeron un maullido debajo de los escombros y comenzaron a cavar. Cuando vi a Lavern, "sentí conmoción y alegría". Lavern estaba delgada y sedienta, pero viva.

⋀ Terrla Cruse está llena de alegría después de descubrir que su gata, Lavern, sigue viva luego de haber estado atrapada bajo los escombros durante 16 días.

⋁ Las escaleras delanteras son la única parte de la casa de la familia Cruse que quedó intacta después del tornado.

Reconstruir Joplin

"Solo tuvimos que usarlo una vez, pero nos salvó la vida". SHIRLEY CONNER

Don y Shirley Conner están junto a su refugio contra tormentas.

Shirley y Don Conner

"ESTAS ERAN LAS CASAS DE NUESTROS VECINOS Y NUETROS AMIGOS. PERDIMOS BUENOS VECINOS," dijo Shirley Conner.

Shirley y su esposo, Don, sobrevivieron la tormenta refugiándose en un pequeño espacio de acceso que habían construido debajo de su habitación. La mayoría de las casas en Joplin no tienen sótanos. Los sótanos son caros y difíciles de construir en Joplin porque el suelo es húmedo y rocoso.

Se tuvo que reconstruir buena parte de Joplin después del tornado. Sótanos y refugios contra tormentas se construyen en estos momentos para proteger a las personas de futuros tornados. Estos refugios incluso pueden ser guardarropas construidos con paredes y puertas de acero reforzadas. Los refugios contra tormentas están diseñados para resistir fuertes vientos y escombros a la deriva que pueden causar daño o lesiones durante un tornado.

La comunidad experimentó mucha tristeza debido a esta tragedia, pero los habitantes de Joplin planifican el futuro. Se están construyendo más refugios contra tormenta y se están haciendo planes de emergencia. La próxima vez que se emitan alertas meteorológicas, los habitantes de Joplin estarán preparados.

El daño del tornado es evidente inmediatamente después del tornado (foto superior). El progreso en la limpieza y la reparación es evidente en el mismo lugar unas semanas después (foto inferior).

Un año después del tornado, el área de abajo tiene un aspecto muy diferente del que tenía el 23 de mayo de 2011.

Compruébalo ¿Cuáles son algunas cosas que puedes hacer para prepararte para un tornado?

TIM SAMARAS:
INVESTIGADOR DE TORMENTAS SEVERAS

por Christopher Siegel

Después de poner en funcionamiento su dispositivo de medición, Tim rápidamente fotografía una tormenta que se aproxima.

"Creíamos que seguíamos a la tormenta. Pero entonces, cuando miramos hacia arriba...
¡vimos que la tormenta se dirigía directamente hacia nosotros! ¡Hablando de motivación! No hay nada que te motive más a levantarte y andar que la fuerza mortífera de un tornado que se dirige derecho hacia ti. ¡Ese día nos movimos más rápido que nunca!".

TIM SAMARAS, INVESTIGADOR DE TORMENTAS SEVERAS Y EXPLORADOR DE NATIONAL GEOGRAPHIC

Tim Samaras perseguía tormentas. ¡A veces las tormentas lo perseguían a él! Tim y el equipo del Experimento de Muestreo Táctico Instrumentado del Estado del Tiempo en o cerca de Tornados (TWISTEX, por sus siglas en inglés) registraron un tornado en el Callejón de los tornados. Observaron cómo el tornado cambiaba su trayectoria y se dirigía directamente hacia ellos. El equipo dejó un dispositivo de medición de tornados y se fue rápidamente en su vehículo.

Identificar y describir el problema

National Geographic: ¿Qué te inspiró a estudiar tormentas severas, específicamente tornados?

Tim Samaras: Todo comenzó cuando tenía unos seis años y vi el fantástico tornado de *El Mago de Oz*. En la película, el tornado serpenteante y giratorio levantaba la casa completa... ¡con Dorothy y Toto incluidos! Me quedé fascinado con los tornados desde ese entonces. Más adelante en mi vida, comencé a perseguir tormentas en el Callejón de los tornados. Ahora, mi pasión es estudiar tormentas severas. Encuentro a cada tormenta tan fascinante como la primera.

Tim Samaras rastrea una tormenta que se aproxima desde el interior de su camión de TWISTEX.

NG: ¿Por qué estudias los tornados?

Tim Samaras: Los tornados son fascinantes, pero peligrosos. No es que levanten casas y las depositen en la alegre Tierra de Oz. Los tornados causan destrucción. Las personas pierden su casa, a veces su vida. Me entristece que esto suceda. Por lo tanto, quiero estudiar los tornados e investigar maneras de ayudar a prepararse mejor antes de que ocurra una tormenta.

Cuando sepamos más sobre los tornados, podremos emitir alertas más precisas. En estos momentos hay muchas falsas alarmas. Esto hace que las personas tengan menos probabilidades de buscar refugio. Las alertas actuales promedian solo unos escasos 13 minutos. Si comprendemos mejor los tornados, podemos emitir alertas más oportunas. Cada segundo adicional de alerta puede salvar vidas.

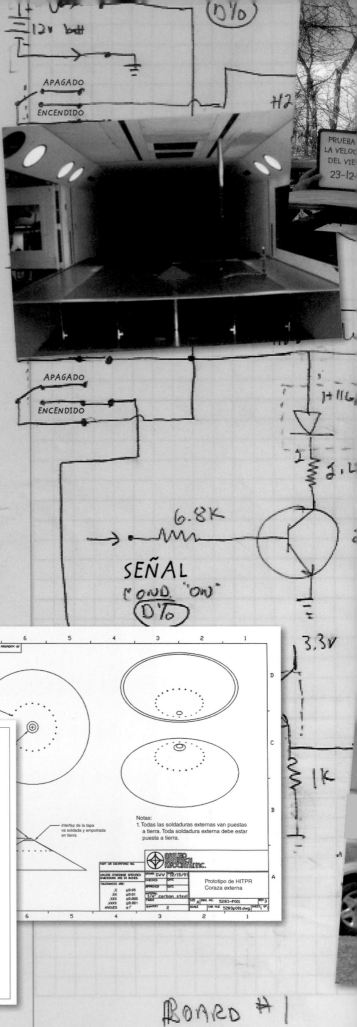

Soluciones de ingeniería

National Geographic: ¿De qué maneras usas destrezas en ingeniería en tu investigación?

Tim Samaras: No existe ningún instrumento o dispositivo de medición que se pueda comprar en una tienda para tomar mediciones dentro de un tornado. Por lo tanto, uso destrezas en ingeniería para diseñar instrumentos meteorológicos, como la Tortuga. Entonces, los conocimientos y las destrezas para construir dispositivos que midan la actividad de la tormenta son fundamentales para mi trabajo.

Tim usa destrezas en ingeniería para desarrollar instrumentos de investigación. Estos dibujos muestran el trabajo de Tim en el diseño de la Tortuga.

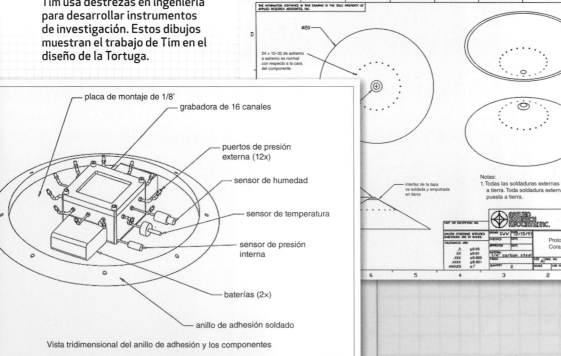

- placa de montaje de 1/8'
- grabadora de 16 canales
- puertos de presión externa (12x)
- sensor de humedad
- sensor de temperatura
- sensor de presión interna
- baterías (2×)
- anillo de adhesión soldado

Vista tridimensional del anillo de adhesión y los componentes

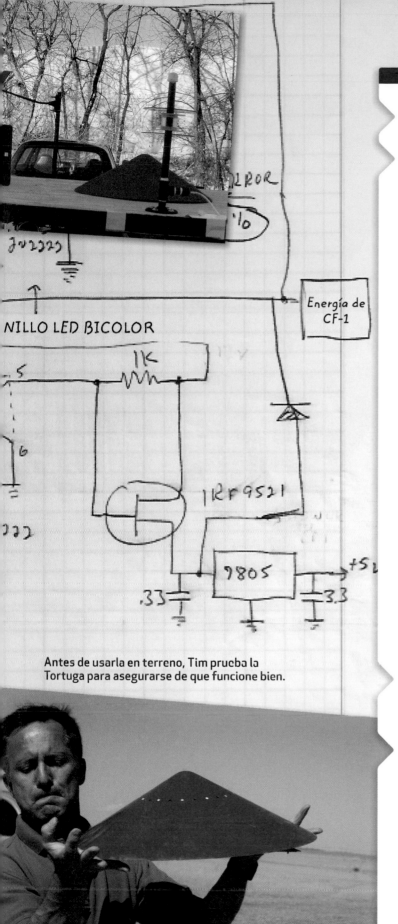

NILLO LED BICOLOR

1K

1RF9521

7805

.33

3.3

+5

Energía de CF-1

6.8K

Antes de usarla en terreno, Tim prueba la Tortuga para asegurarse de que funcione bien.

NG: ¿Qué es la Tortuga?

Tim Samaras: La Tortuga es el nombre del dispositivo de medición que desarrollé cuando comencé mi investigación. La cubierta externa que protege el dispositivo se parece al caparazón de una tortuga, pero es roja. Dentro hay instrumentos que miden la velocidad y la dirección del viento, la presión atmosférica y otros elementos de una tormenta. Hay una cámara de vídeo para tomar fotos dentro de un tornado. La tecnología es una parte importante de mi investigación. Combinados, todos estos instrumentos reúnen los datos que necesito para comprender mejor cómo se desarrollan las tormentas y los tornados.

NG: ¿Qué pueden hacer los estudiantes para desarrollar destrezas en ingeniería?

Tim Samaras: Lo mejor que pueden hacer es tomar clases de Ciencias y Matemáticas en la escuela. Estas los ayudarán a aprender las destrezas necesarias para la ingeniería. Además, deben hacer preguntas sobre cómo se hacen las cosas. ¡Sean creativos! Piensen en nuevas maneras de resolver problemas.

Diseñar y mejorar soluciones

National Geographic: ¿Puedes describir cómo has cambiado y mejorado tus ideas?

Tim Samaras: Echa un vistazo a mi camión. Parece un vehículo preparado para explorar Marte. Mi camión y todos los instrumentos que lleva son producto del desarrollo de mis ideas. Cada nuevo instrumento representa una idea nueva que ha cambiado durante todos los años en que he investigado las tormentas.

El avance de la tecnología tiene mucha importancia en el diseño de instrumentos mejores y la obtención de nueva información científica. Si lo puedes creer, ¡una vez viajé a través del Callejón de los tornados sin siquiera un teléfono celular! Ahora el interior de mi camión se parece más a la cabina de un avión que a un camión normal.

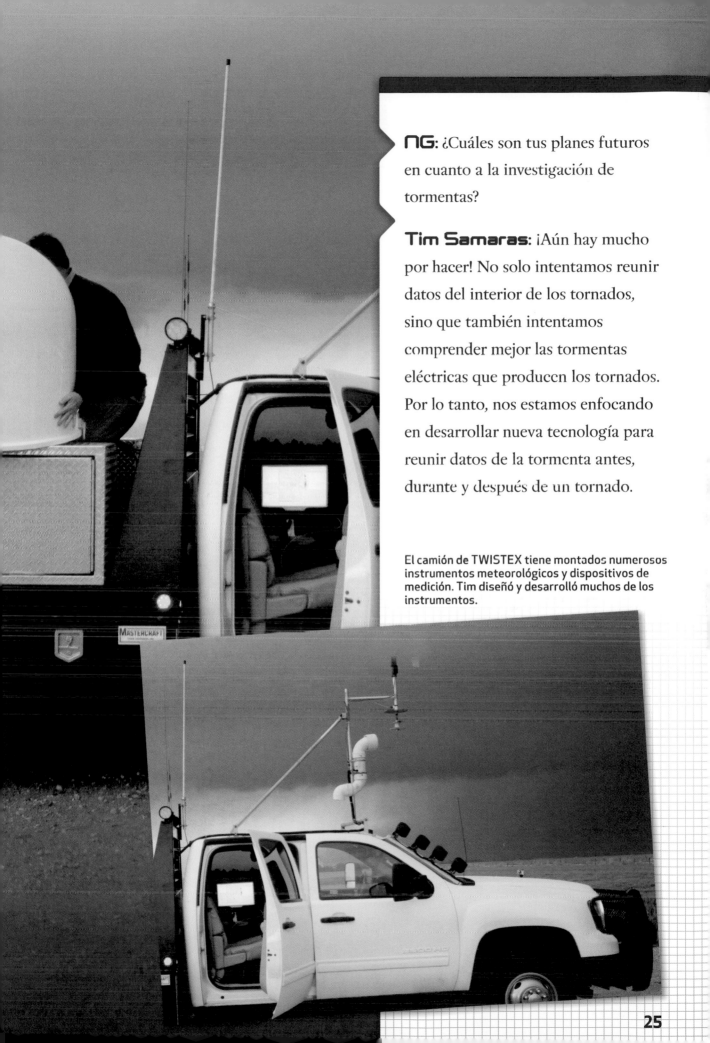

NG: ¿Cuáles son tus planes futuros en cuanto a la investigación de tormentas?

Tim Samaras: ¡Aún hay mucho por hacer! No solo intentamos reunir datos del interior de los tornados, sino que también intentamos comprender mejor las tormentas eléctricas que producen los tornados. Por lo tanto, nos estamos enfocando en desarrollar nueva tecnología para reunir datos de la tormenta antes, durante y después de un tornado.

El camión de TWISTEX tiene montados numerosos instrumentos meteorológicos y dispositivos de medición. Tim diseñó y desarrolló muchos de los instrumentos.

Resultados

National Geographic: ¿Qué haces con los datos que reúnes sobre las tormentas?

Tim Samaras: Los datos que reúno son solo una pequeña pieza del rompecabezas. Con suerte, contribuirán a nuestra comprensión de los tornados, pero no trabajo solo. Hay muchos otros científicos que trabajan para comprender cómo se forman los tornados. Se requiere el arduo trabajo de todos estos científicos para hallar soluciones y poder mejorar nuestra capacidad de pronosticar tornados de manera rápida. Los científicos comparten sus hallazgos mediante la publicación de artículos científicos para que otros científicos los analicen y los debatan. Este proceso se llama **evaluación por expertos.** A veces, el trabajo de un científico inspira a otros a desarrollar nuevos experimentos, reunir nuevos datos y quizá hallar una nueva solución. ¡La ciencia puede ser realmente emocionante!

NG: ¿Qué le sugerirías a los estudiantes que están interesados en el estado del tiempo severo?

Tim Samaras: Aprendan tanto como puedan sobre el estado del tiempo. Hay muchas universidades e institutos de educación superior que tienen programas activos de investigación de tornados que les permiten a los estudiantes participar en todos los niveles. Sobre todo, ¡concéntrense en lo que quieran hacer! A veces la tarea escolar puede volverse muy difícil. ¡Perseveren y les irá muy bien!

Tim rastrea tormentas que se aproximan en mapas satelitales dentro del camión de TWISTEX. El exterior del camión tiene diversos dispositivos de medición del estado del tiempo para registrar los cambios en las tormentas.

Como investigador de tormentas severas, Tim Samaras hizo muchos nuevos descubrimientos sobre los tornados. También tenía grandes deseos de inspirar a los estudiantes como tú a estudiar ciencias y hacer investigaciones científicas. A través de su trabajo, Tim creía que podía inspirar al próximo investigador de tormentas severas. ¡Quizá esa persona eres tú!

Compruébalo   ¿Qué otras preguntas le harías a un investigador de tormentas severas?

CONSEJOS DE TIM PARA PERMANECER A SALVO

por **Tim Samaras**

La parte más importante de mi trabajo como investigador de tormentas severas es ayudar a las personas a mantenerse a salvo durante tormentas severas como los tornados. Al reunir más datos sobre los tornados, espero poder emitir alertas más oportunas y precisas. Muchas más vidas se salvarán si se da más tiempo de alerta antes de que un tornado realmente se produzca.

¿Sabes la diferencia entre el **aviso de tornado** y la **alerta de tornado?**

AVISO DE TORNADO

UN AVISO DE TORNADO significa que las condiciones meteorológicas están dadas para que se forme un tornado en tu área. Fíjate en las señales de tornado y permanece alerta en caso de que se emita una alerta de tornado.

ALERTA DE TORNADO

UNA ALERTA DE TORNADO significa que se divisó un tornado y puedes estar en peligro. Cuando se emita una alerta, ¡busca refugio de inmediato!

DURANTE UN TORNADO

Ten un plan y practícalo con tu familia. Si tienes un refugio contra tormentas, úsalo. Si no, sigue estos pasos.

SI HAY SÓTANO EN EL EDIFICIO EN EL QUE ESTÁS, dirígete allí. Un sótano es uno de los lugares más seguros en los que puedes estar durante un tornado. Colócate debajo de un mueble pesado.

SI NO HAY UN SÓTANO, dirígete a un baño u otra habitación sin ventanas en la planta más baja del edificio. Si hay una bañera, métete dentro. Protégete la cabeza con los brazos.

SI ESTÁS EN UNA CASA RODANTE, sal y busca refugio en una edificación sólida. La mayoría de los parques de casas rodantes tienen un refugio contra tornados. ¡Conoce dónde está el refugio y dirígete allí de inmediato!

SI ESTÁS EN TU CARRO O AL AIRE LIBRE, no intentes escapar del tornado. Busca refugio en una edificación sólida. Si estás en un área abierta que no tiene refugio, busca refugio en una zanja u otra área baja.

Cuando escuches una alerta de tornado, debes actuar. Dar los pasos correctos te puede salvar la vida.

Los refugios subterráneos contra tormentas son comunes en algunas áreas de los Estados Unidos, especialmente en el Callejón de los tornados. Estos refugios subterráneos brindan protección contra los tornados y otras tormentas severas.

Compruébalo Describe los pasos que debes seguir para permanecer a salvo de un tornado.

Comenta

1. ¿Cómo se relaciona la información sobre la que leíste en la entrevista con Tim Samaras con las otras lecturas?

2. ¿Qué ideas o conceptos nuevos sobre los tornados aprendiste de este libro?

3. ¿De qué maneras crees que la ciencia, la tecnología, la ingeniería y las matemáticas se relacionan con la mejor comprensión de las tormentas severas?

4. ¿Cuáles son algunas cosas que podrías hacer para permanecer a salvo en caso de un tornado?

5. ¿Qué otras preguntas tienes sobre los tornados? ¿Dónde podrías hallar respuestas a tus preguntas?